Sampleri Cymreig
Welsh Samplers

Chris S. Stephens
Eleri Davies

Gomer

A BCDE G IJK M OP

QR TUV X Z

abcdefghijklmnopqrstuvw

123456789 xyz 89 12

Margaret Anne James

God is love

SAMPLERI CYMREIG

O'r cychwyn cyntaf, gosod patrwm oedd pwrpas sampleri, fel y gallai gwniadyddesau profiadol a'r rhai oedd yn newydd i'r maes eu hefelychu. Roedd y pwythau a'r patrymau yno i'w copïo, a mwy na thebyg byddai'r gwaith yn cael ei gadw yn rholyn mewn basged wnïo neu ddrôr seld, gan weld golau dydd yn ôl y galw. Mae'r gair sampler, ac yn Ffrangeg *essamplaire*, yn dangos mai ei fwriad oedd bod yn sampl, esiampl neu enghraifft.

Ond mae'r sampleri yn llawer mwy na hyn. Y sampleri yw cardiau adnabod yr unigolion gweithgar sydd â'u geiriad, yn rhwym ar gynfas, yn cyhoeddi i'r byd, 'Dyma fi! Dyma fy ngwaith! Dyma fy lle! Gwelwch yr hyn y gallaf i ei wneud!' Yng Nghymru gallwn ychwanegu at y brolio – 'Dyma fy nghrefydd, fy uchelgais, ac wrth gwrs, fy iaith!' Yn ystod y 300 mlynedd a aeth heibio, efallai bod rôl y sampler a'i le ym mywyd ac addysg y gwragedd wedi newid, ond mae ei apêl a'i arwyddocâd yn aros yr un, yn brawf o ddiwylliant cenedl, ac amrywiaeth dychymyg y merched a'r gwragedd hynny a bwythodd gynfas, gan

WELSH SAMPLERS

The purpose of samplers, right from the beginning, was to provide a model for both experienced and novice needlewomen. The stitches and designs were there to be copied, and the work would probably be kept rolled up in a sewing basket or dresser drawer, brought out into the light only when needed. The very word, 'sampler', and in French *essamplaire*, shows that it is intended as a sample, an example or exemplar

But samplers are much more than this. They are the identity cards of industrious individuals, whose texts, embedded in fabric, shout out to the world, 'This is me! This is my work! This is my place! See what I can do!' And in Wales we can add further boasts –'This is my religion, my aspiration and of course, my language!' Over the past 300 years the role of the sampler may have changed, and its place in women's lives and education shifted but its appeal and significance remains the same – as a testament to the culture of a nation, and the diversity of the imagination of those girls and women who put needle and

adael y fath etifeddiaeth wniedig gyfoethog i ni.

Perthyn i gyfnod y Tuduriaid mae'r sampleri cynharaf y mae gennym wybodaeth glir amdanynt. Mae'r bardd Tudur Aled, o Lansannan, yn cyfeirio at bwythau aur y sampler yn ei linellau 'Aur wnïadau â'r nydwydd / arfer o'r sampler yw'r swydd'. Mae'n bosib ei fod yn gyfarwydd â'r brodwaith cymhleth a gaed ar ddillad a chlustogau'r llys, ac iddo dystio i'r medrusrwydd oedd ei angen i ddilyn y pwythau a'r patrymau a welwyd ar sampleri'r cyfnod. Yn anffodus, nid oes enghreifftiau o sampleri Oes Elisabeth ac Oes y Stiwartiaid wedi goroesi yng Nghymru. Yn wir, dim ond ychydig enghreifftiau o waith y 18fed ganrif sy'n bodoli, a'r rheiny mewn amgueddfeydd a chasgliadau preifat yng Nghymru; mae'r mwyafrif yn deillio o ddiwedd y cyfnod Sioraidd neu'r cyfnod Fictoraidd.

thread to canvas, and left us such a wonderfully stitched inheritance.

The first samplers of which we have clear knowledge belong to Tudor times. A poet of the period, coincidentally named Tudor himself (Tudur Aled of Llansannan) refers to the 'golden stitches of the sampler' in his lines 'Aur wnïadau â'r nydwydd / arfer o'r sampler yw'r swydd.' He may well have been familiar with the intricate embroidery on court clothes and cushions, and perhaps knew first hand the expertise required to follow the stitches and patterns demonstrated on samplers of the time. Unfortunately no examples from Elizabethan and Stuart times have survived in Wales. Indeed, only a few examples of 18th-century work exist, in Welsh museums and private collections; the majority are from late Georgian or Victorian times.

Cynllun sampler Sioraidd a ffafriwyd yn Sir Gaerfyrddin – basged anarferol o flodau, appliqué bron, mewn edau sidan main.

Margaret Lewis her Work Carmarthen, November the 22 1824

Detail of a Georgian sampler design much favoured in Carmarthenshire – an unusual, almost appliquéd basket of flowers, worked in fine silks.

Sampler unlliw o waith Mary Jane Rees o ysgol Penparcau, Aberystwyth, a gwblhawyd ganddi yn 1870 pan oedd yn 13 oed. Prif lythrennau a llythrennau bach mewn dwy ffont wahanol gydag ystod o rifolion.

A monotone sampler worked by Mary Jane Rees of Peny Parke School (Penparcau, Aberystwyth) in 1870 when she was 13 years old. Upper and lower case letters in two different fonts and a range of numerals.

Mynychodd Mary J Edwards, a aned yn 1876, yn ferch hŷn i gigydd yn Stryd Fawr, Arberth, Sir Benfro, Ysgol y Bwrdd (yr hen ysgol Brydeinig) yn y dref, gan weithio ar y sampler hwn, gyda'i eiriad cyfarwydd, Y Geni, yn 1887. Er syndod, nid yw'r motiffau yn adlewyrchu'r testun. Gellygen fawr, dau dŷ a cheffyl sy'n llanw'r rhan helaeth o'r cynfas. (Sylwch bod y llythyren 'd' wedi ei hepgor ddwy waith yn y gair 'and'.)

Mary J Edwards, born 1876, the elder daughter of a High Street butcher in Narberth, Pembrokeshire attended the Board School (previously the British School,) in the town, and worked this sampler, with its familiar Nativity text, in 1887. Her motifs surprisingly do not reflect the subject matter. A large pear, two houses and a horse occupy a large portion of the canvas. (Notice the omission of the letter d twice in the word and.)

When they had heard the king they departed an lo the star which they saw in the east went before them till it * came an stood over where the young child was. Mary J Edwards Board School Narberth aged 11 1887.

Sampler patrymog, lliwgar gan Anne Morse, 11 oed, wedi ei orffen yn 1881 pan oedd yn ddisgybl yn safon 3 yn Ysgol y Bwrdd Camros, ar y ffordd rhwng Hwlffordd a Thyddewi. Merch hynaf Joshua a'i wraig Mary oedd Anne. Saer coed oedd y tad, ac roedd ef a'i wraig, ynghyd â'u saith plentyn yn byw ym mhentref Camros.

A colourful patterned sampler by Anne Morse, aged 11, completed in 1881 when she was a pupil in 'Standard the Third' at Camrose South Board School, on the road between Haverfordwest and St David's . Anne was the eldest daughter of Joshua, a carpenter by trade, and his wife Mary who lived in the village of Camrose itself with their seven children.

Llyfr Log Ysgol y Bwrdd yn Ne Camros. Agorwyd yr ysgol yn 1875, ac roedd Anne yn sicr yn un o'i disgyblion gwreiddiol. Awgryma sylwadau'r prifathro, sy'n seiliedig ar adroddiad yr Arolygwr, yn Ionawr 1876, bod safon yr holl ddysgu, yn arbennig y gwaith gwnïo, yn hynod o siomedig. Fodd bynnag, fel y symudai Anne i fyny'r ysgol, roedd safon y gwnïo yn gwella. (Roedd meistres wnïo yn galw bob prynhawn Mawrth.)

Ar y dyddiad a gofnodwyd ar sampler Anne, Awst 19eg 1881, ysgrifennodd Mr Bassett, y prifathro, *'Harvest operations are now general and all the older children are assisting. Closed the school for 4 weeks – Harvest Holidays.'*

January 1880: The sewing and knitting were good.
January 1881: The needlework was very good.
January 1882: The needlework was very neat and is carefully attended to.

Camrose South Board School Log book: The school had opened in 1875, and Anne was almost certainly one of its original pupils. The Headteacher's account of the first Inspector's Report, in January 1876 indicates that the standard of all learning, particularly sewing was disappointingly low. However as Anne moved up the school so the sewing standard improved (a sewing mistress visited every Tuesday afternoon).

On the date recorded on Anne's sampler, August 19th 1881, the Headmaster Mr Bassett wrote, 'Harvest operations are now general and all the older children are assisting. Closed the school for 4 weeks – Harvest Holidays.'

Llun o 1903. Credir mai'r chwiorydd Morse ydynt – Polly, Dorothy ac Alis, gydag Anne Morse, yr un a luniodd y sampler, yn eistedd ar y dde.

A 1903 photograph thought to be the Morse sisters Polly, Dorothy and Alice, with Anne Morse, creator of the sampler, seated right.

Erbyn canol y 19eg ganrif roedd gwnïo a phwytho yn rhan annatod o addysg merched yn yr ysgol. Yn y nifer cynyddol o ysgolion Cenedlaethol a Phrydeinig, neilltuwyd y prynhawn ar gyfer ymarfer pwytho, coginio a 'rheolau iechyd,' er mwyn sicrhau bod y merched yn datblygu i fod yn wragedd defnyddiol a medrus. Ceir digon o enghreifftiau o sampleri o'r Ysgolion Bwrdd a sefydlwyd ar ôl Deddf Addysg 1870 er mwyn llanw'r bylchau yn Addysg y Wladwriaeth. Yn y rhain ceir digon o gyfleoedd ar gyfer astudio hanes lleol ac o ran ymchwil teuluol.

Roedd hwn yn gyfle i ddisgyblion ddysgu nid yn unig sut i wnïo, ond hefyd ddysgu trefn yr wyddor (llythrennau bach a phrif lythrennau) a rhifolion Arabeg a Rhufeinig — hyd yn oed os oedd y drefn ar brydiau yn gymysglyd ac yn dibynnu ar faint y gofod a oedd ar gael.

By the middle of the 19th century sewing and stitchery had become an integral part of a schoolgirl's education, and afternoons in the ever-increasing number of National and British Schools were given up to practising stitches, and cooking and 'the laws of health' — to ensure that girls grew up to be useful and proficient housewives! Examples of samplers from Board Schools set up after the 1870 Education Act to fill the gaps in state education abound, and provide ample opportunities for local history studies and family research.

Here was a chance for pupils to learn not only how to sew, but also alphabetical order (both capitals and lower case) and numerals both Arabic and Roman — even if sometimes the sequences were somewhat confused — and were dependent upon available space.

Gwen Richards o Lanwonno, Porth a wnaeth y sampler pan oedd yn 13 oed, yn 1892, mewn ysgol fach breifat, Seminar y Porth, oedd yn cael ei rhedeg gan Mr Henry William Hughes a'i wraig Lucy yn 20 Heol Hannah, Llanwonno. Mae'n orlawn o fotiffau lliwgar gwaith Berlin – bugeiles arddullaidd, adar lliwgar a chorneli blodeuog ynghyd ag ystod o lythrennau a rhifau. Roedd Gwen yn amlwg yn dilyn ôl traed ei chwaer ddeunaw oed, Cicilia, gwniadwraig wrth ei gwaith, mewn gwrthgyferbyniad llwyr i'w thri brawd hŷn (28, 23 a 15 oed ar y pryd) a oedd yn cael eu cyflogi yn y pyllau glo.

Gwen Richards of Llanwonno, Porth worked this sampler, aged 13, in 1892 at a small private day school, the Porth Seminary, run by a Mr Henry William Hughes and his wife Lucy at 20 Hannah Road, Llanwonno. It is crammed full of colourful Berlin work motifs – a stylised shepherdess, bright birds and floral corners, together with a range of letters and numbers. Gwen was obviously following in the footsteps of her 18-year-old sister Cicilia, a dressmaker by trade, in sharp contrast to her 3 elder brothers (aged 28, 23 and 15 at the time) who were all employed in the local coal mines.

Sampler anarferol o fawr gydag amrywiaeth o fotiffau mewn steil gwaith gwlân, gan gynnwys yr hyn sy'n ymddangos fel rhan o gastell Penrhyn yng ngogledd Cymru. Gallai hyn awgrymu bod yr un a'i gwnaeth yn dod o ardal Bangor, er nad yw Sarah Evans yn datgelu mwy na'i hoed a'r flwyddyn y'i lluniwyd, 1884. Daw'r testun Cymraeg o emyn yr emynydd a'r pregethwr enwog William Williams (1717–1791) o Bantycelyn, Sir Gaerfyrddin.

An unusually large sampler with a variety of motifs in wool-work style, including what appears to be a section of Penrhyn castle in North Wales. This might suggest that the worker was from the Bangor area, although Sarah Evans merely gives her age and the year of stitching – 1884.
The Welsh text is from a hymn by the famous Methodist poet and preacher, William Williams (1717-1791) of Pantycelyn, Carmarthenshire.

Geiriau'r Emynydd:	Translation of the hymn:
Dysg fi fy Nuw, dysg fi pa fodd	Teach me, my God, teach me how
I ddweyd a gwneuthur wrth dy fodd	To say and do what pleases you,
Dysg fi ryfela a'r ddraig heb goll	Teach me to fight the dragon without loss
A dysg fi i goncro mhechod oll.	Teach me to conquer all my sin.

Yn y 1830au a'r 1840au, ffrwydrodd ffasiwn gwaith gwlân Berlin i boblogrwydd wrth i'r dosbarth canol sylweddoli bod ganddyn nhw'r amser, y cyfle a'r arian i ddilyn y dosbarthiadau segur, o ran hobïau diwylliedig megis brodwaith. Erbyn 1840 roedd dros 14,000 o wahanol gynlluniau ar gael mewn llyfrau patrwm printiedig, ac yn fuan roedd y symlaf o'r rhain wedi eu hymgorffori yn y sampleri a luniwyd gan ferched ifanc Oes Fictoria. Gellid trosglwyddo basgedi o flodau, adar egsotig ac anifeiliaid ynghyd â chameos o lecynnau gwledig o bapur sgwariau (un sgwâr i bob pwyth croes) i gynfasau gwe agored. Roedd hyd yn oed cestyll a thai crand i'w gweld yn y gwaith pwytho. Roedd Castell Penrhyn yn ffefryn arbennig. At y rhain gellid ychwanegu symbolau o dduwioldeb – croes syml, beibl, angor neu galonnau a lilïau wedi eu cydblethu.

The fashion for Berlin woolwork (a type of canvas embroidery worked in worsted wools imported from Germany) exploded in the 1830s and 1840s as the middle classes realised that they had the time, opportunity and money to follow the leisured classes into cultured hobbies such as embroidery. By 1840, over 14,000 different designs were available in printed pattern books, and soon the simplest of these were incorporated into samplers worked by Victorian girls. Baskets of flowers, exotic birds and animals, and romanticised rural cameos could be transferred from squared paper (one square to a cross-stitch) onto open weave canvases. Even castles and stately homes found their way into stitchery – Penrhyn Castle in north Wales being a particular favourite. To these might be added notes of piety – a simple cross, a bible, an anchor or intertwined hearts and lilies.

Gwaith motiff syml Berlin o fachgen yn chwarae gyda'i gi anwes, wedi ei greu mewn pwyth pabell (hanner pwyth croes). Yn ei ffrâm wreiddiol c.1850.

A simple Berlin work motif of a boy playing with his pet dog, worked in tent stitch (half-cross stitch). In its original frame c.1850.

Prin iawn yw'r sampleri gyda'r geiriau yn y Gymraeg. Gan mai Saesneg oedd iaith yr ysgol (yn dilyn Adroddiad 1847 a chyhoeddi'r Llyfrau Gleision) gellir cymeryd yn ganiataol bod y sampleri Cymreig wedi eu creu yn y cartref, yn yr ysgolion Sul, y capeli neu mewn cyfarfodydd hwyrol. Ceir tystiolaeth sy'n awgrymu bod merched ifanc mewn gwasanaeth yn cael caniatâd i fynychu 'cwarter o ysgol' i ddysgu eu crefft. Gallai gwaith gwnïo a brodwaith yn hawdd fod ymhlith y sgiliau – roedd cwiltio yn sicr yn cael ei ddysgu.

Er y gellir cyfiawnhau cysylltu'r sampleri prin hyn â'r ardaloedd Cymreig, nid oes unrhyw gydberthynas mewn gwirionedd, rhwng y ffiniau daearyddol ac ieithyddol, ac ambell waith mae'r ddwy iaith yn ymddangos ar yr un sampler.

Yn aml mae testun y sampleri Cymraeg yn grefyddol iawn. Mewn cartrefi Anghydffurfiol, roedd defnydd addysgol i'r testun, sef gosod esiampl o dduwioldeb personol ac ymrwymiad crefyddol. Mae'r geiriau syml 'Yr Iesu a wylodd' efallai yn fwy pwerus hyd yn oed na'r Deg Gorchymyn a Gweddi'r Arglwydd. Rhaid

Samplers with words in Welsh are few and far between. Since English was the language of the schoolroom (following the Report of 1847 and the publication of the divisive 'Blue Books') we must presume that Welsh-language samplers would have been worked either in the home, in chapel Sunday schools or evening meetings. There is evidence to suggest that some young girls in domestic service would have been allowed to attend the *cwarter o ysgol* (term school) to learn a trade: sewing and embroidery may well have been taught – quilt-making certainly was.

Although these rare samplers might justifiably be attributed to the 'Welsh heartland' there is actually no correlation between geographical and linguistic boundaries – and occasionally the two languages appear on the same sampler.

Very often the texts of Welsh-language samplers are strongly religious. In non-conformist homes – they clearly doubled as teaching texts, and examples of personal piety and religious commitment. The simple words 'Jesus wept' are perhaps even more powerful than the Ten Commandments and Lord's Prayer. Often

bod y darnau hir ac anghyfarwydd o'r Hen Destament wedi bod yn wersi gwirioneddol anodd o safbwynt y gwnïo ac o safbwynt dysgu'r Beibl. Byddai'r rhybudd 'Cofiwch wraig Lot' wedi bod yn ddigon o anogaeth i gael gwared ar unrhyw arwydd o ddiogi.

lengthy, and to us somewhat obscure, passages from Old Testament scripture must have proved difficult lessons, both in terms of needlework and Bible learning. The warning 'Remember Lot's wife' would have been sufficient to make idle hands work more industriously.

Mae'r sampler hwn gan Cathrine Lewis, nad oes iddo ddyddiad, yn cynnwys sawl adnod Gymraeg. 'Cofiwch wraig Lot. Yr Iesu a wylodd. Yr hwn sydd yn credu yn y Mab y mae ganddo fywyd tragwyddol ar hwn sydd heb gredu ir'. Yn gyfleus, nid oedd digon o ofod i Cathrine fedru gorffen yr hyn fyddai'n ffawd yr anghrediniwr ond byddai unrhyw ddarllenwr cyfoes wedi adnabod y dyfyniad o Efengyl Ioan yn syth. Yn Oes Fictoria roedd gwybodaeth plant o'r ysgrythur yn cael ei ehangu drwy ddysgu ar y cof a thrwy arholiad. Nodir oed Cathrine Lewis, sef 14, yn Saesneg.

This undated sampler by Cathrine Lewis contains several verses from Scripture in Welsh. Translated, they read: 'Remember Lot's wife. Jesus wept. For he who believes in the son will have eternal life, and he who does not believe…' Conveniently Cathrine ran out of space before being able to complete the fate of the non believer – but any contemporary reader would have instantly recognised the quotation from John 3 v 36. Children's scriptural knowledge in Victorian times was extended by rote learning and examination. Cathrine Lewis notes her age, 14 years, in English.

Mae'r gwaith gwnïo hwn gyda'i ymyl rhosynnau, o'r 19eg ganrif ond heb ddyddiad penodol, yn waith Sarah Davies ac mae'n cynnwys esiampl trawiadol o'r 'Tŷ', nodwedd arbennig sampleri dirifedi. Ambell waith roedd yr adeiladau yn gwbl ddychmygol – tai Sioraidd 4 sgwâr, ond yn aml roedd y merched yn tynnu llun ac yn trasio a chreu eu cartrefi eu hunain o chwith ar y cynfas. Gallai Sarah yn hawdd fod wedi gwneud hynny yn yr enghraifft hwn, gan mor fanwl ac mor ofalus y'i lluniwyd, yn fwy tebyg i ddarlun o waith gwlân nag i arddangosfa o wniadwaith amrywiol. Mewn ffrâm fahogani.

Angylion doent yn gyson rifedi gwlith y wawr – Sarah Davies

This undated 19th-century rose-bordered needlework by Sarah Davies contains an impressive example of 'the house', a significant feature of countless samplers. Sometimes the buildings were purely imaginary – 4-square Georgian houses – but often girls drew, traced and 'reversed' their own homes onto canvas. Sarah may well have done so here, so detailed and carefully worked is the exampler – more in the form of a woolwork picture than a demonstration of varied stitchery. In mahogany frame. Translated, the text reads: 'Angels come continually, as many as morning dew drops.'

Sampler Cymraeg hardd a luniwyd yn 1866 gan Margaret Griffiths (ganed c.1857 yn Llandeilo'r-Fân, Sir Frycheiniog). Mae iddo destun Beiblaidd helaeth o Lyfr y Pregethwr (P 12 a 13/14) ac yn anarferol mae'n cynnwys enw rhieni'r ferch.

Gyda'r manylion hyn gallwn bennu'n fanwl y fan y lluniwyd y sampler am fod enwau John a Catherine Griffiths wedi eu cofnodi yng nghyfrifiad 1871 fel ffermwyr 200 o erwau, yn byw yn Rhiw ym mhentref Sclydach, ym mhlwyf Llywel, 9 milltir i'r gorllewin o Frycheiniog. Mae'r sampler wedi ei liwio'n llachar, gydag ystod o fotiffau nodweddiadol, gan gynnwys Adda ac Efa, Pren y Bywyd, cychod a pheunod. Sylwch ar y ddau air Saesneg 'her work', a'r ail lofnod wedi ei lunio yn fwy amrwd ar waelod y brodwaith.

A beautiful Welsh language sampler worked in 1866 by Margaret Griffiths (born c.1857 at Llandeilo'r-Fân, Breconshire.) It has an extensive Biblical text from Ecclesiastes Ch12 and 13/14, and unusually the name of the girl's parents.

From these details we can pinpoint its place of creation with accuracy, since John and Catherine Griffiths are recorded on the 1871 census as farmers of 200 acres, residing in Rhiw, in the hamlet of Sclydach, in the parish of Llywel, 9 miles west of Brecknock. The sampler is vividly coloured, with a range of typical motifs, including Adam and Eve and the Tree of Life, boats and peacocks. Notice the two English words 'her work', and the second signature, worked much more crudely along the base of the embroidery.

Who amid the swelling billows
Can sustain my sinking head?
None but that divine Redeamer (sic)
Who upon the cross hath bled.

Margaret Jones Her Work 1866

Roedd Margaret Jones o Landysilio yn 17 oed yn 1866 pan gwblhawyd y sampler gwlân hyfryd hwn mewn lliwiau tawel. Mae'r testun yn anarferol iawn ac yn gyfieithiad o bennill allan o emyn y Methodistiaid Cymraeg 'O! Anfeidrol rym y cariad' a ysgrifennwyd gan Dafydd Williams (1720-94). Daeth yr emyn yn enwog ar ôl trychineb pwll glo y Cymer yng Nghwm Rhondda, pan gafodd 14 o ddynion eu dal o dan ddaear am saith diwrnod. Roedd y naw glôwr a gafodd eu hachub yn tyngu mai'r ffaith iddynt ganu ac ailganu'r hen bennill 'Yn y dyfroedd mawr a'r tonnau,' a'u cadwodd yn fyw. Daeth yr emyn yn enwog yn genedlaethol fel emyn y glowyr, ac mae wedi'i gynnwys yn *Caneuon Ffydd*.

Margaret Jones of Llandissilio was 17 years old in 1866 when this delightful wool sampler was completed in restrained colours with the unusual text, an 1854 translation of verse from the Welsh Methodist hymn, 'O! Anfeidrol rym y cariad' written by Dafydd Williams (1720 -94). The hymn became nationally famous after the 1877 colliery disaster at Cymer in the Rhondda Valley, when 14 men were trapped below ground for seven days. The 9 miners brought alive to the surface attributed their survival to their repeated singing of this old verse, 'Yn y dyfroedd mawr a'r tonnau.' It immediately became known as 'the miners' hymn' and is still included today in the contemporary hymnal *Caneuon Ffydd*.

Roedd yr emynau hefyd yn ffefrynnau gyda'r merched ifanc oedd yn brodio a gellir eu dychmygu yn hymian wrth wnïo. Mae sampleri'r 19eg ganrif yn frith o eiriau emynwyr mawr y dydd, fel y dengys y testun yn sampler Eliza King o Gaerfyrddin (tud. 24) a'r pennill allan o emyn William Williams a bwythwyd gan Sarah Evans (tud. 10).

Hymns themselves also proved favourites with the young embroiderers, and probably they hummed quietly as they sewed. 19th-century samplers are littered with the words of the great hymnwriters of the day, as is shown in the text of Eliza King's Carmarthen sampler (p. 24), and the verse from a William Williams hymn sewn by Sarah Evans (p. 10).

Sampler gwaith gwlân a luniwyd gan Sarah Harries yn 1886. Saif yn ei ffrâm fahogani wreiddiol a gwelir ceirios a rhosynnau disglair arno. Mae'r testun Beiblaidd yn y Gymraeg yn darllen Iesu Grist, ddoe a heddyw yr un, ac yn dragywydd.

A late 19th-century wool-work sampler worked by Sarah Harries in 1886, with bright cherries and roses, in its original mahogany frame, and with a Bible text in Welsh. Translated it reads: Jesus Christ, the same yesterday, today and forever.

Sampler sirol prin iawn wedi ei lunio yn Sir Benfro gan Elizabeth Phillips (enw cyffredin yn gysylltiedig â'r teulu bonedd lleol) wedi ei ddyddio Mehefin 1850. Mae'r map, mewn pwythau croes ar gefndir gwlân lliw hufen, wedi ei amgylchynu gan forder gwaith Berlin o rosynnau melyn, wedi eu hamgau gan batrwm twll clo mewn brodwaith o edau sidan du. Yn ogystal â'r prif drefi megis Tyddewi, Hwlffordd, Penfro ac Arberth, a'r saith cantref wedi eu hamlinellu mewn lliwiau amrywiol, mae'r frodwraig hefyd wedi cynnwys dwsinau o bentrefi mawr a bach – yn amlwg yn copïo'r manylion hyn o fap printiedig cynharach.

A very rare 'county' sampler almost certainly worked in Pembrokeshire by Elizabeth Phillips, (a common family name linked to the local gentry) dated June 1850. The map, worked in cross stitch on a cream wool ground, is surrounded by a Berlin work border of yellow roses, themselves enclosed by a keyhole pattern embroidered in black silk. Besides major towns, such as St Davids, Haverfordwest Pembroke and Narberth, and the seven hundreds outlined in various colours, the embroideress has also included dozens of villages and tiny hamlets – obviously copying these details from an earlier printed map.

Gyda'r twf o ran poblogrwydd mewn daearyddiaeth a chartograffeg yn niwedd y 18fed ganrif, dechreuodd cyhoeddwyr gynhyrchu mapiau printiedig o Brydain (a'r Byd) ar liain main a sidan. Yna caent eu

With the growing popularity of geography and cartography, publishers in the late 18th century began to produce printed maps of Britain (and the World) on fine linen and silk. These were then

brodio mewn edau sidan dywyll, yn aml yn eithriadol o fanwl, gan gynnwys trefi, aceri ac afonydd. Byddai rhai mapiau sirol a hyd yn oed rhai mapiau plwyfi yn cael eu gweithio yn llawrydd gan wneuthurwyr sampleri anturus.

embroidered in dark silks, often in great detail, with towns, acreage and rivers. Some 'county' and even 'parish' maps were also worked freehand by adventurous sampler-makers.

Dim ond y llythrennau M. A. T. sydd gennym i adnabod y gwaith hyfryd ac anarferol hwn o fap cynnar o Gymru o'r 19eg ganrif, wedi ei bwytho'n dra gofalus gan ferch ifanc mewn arlliw o frown a gwyrdd ar ddefnydd lliain main sgrim. Mwy na thebyg ei fod wedi ei fras gopïo o fap cyfoes o Gymru yn cynnwys border o wymon a blodau arddullaidd mewn pwythau croes.

We have only the initials M.A.T. to identify this delightfully worked and unusual early 19th-century map of Wales, meticulously stitched by a young lady in shades of green and brown on fine linen scrim. It was probably copied freehand from a contemporary map of Wales, and includes a seaweed scroll border and stylised flowers in cross stitch.

Sampler o Sir Gaerfyrddin gan Eleanor Davies mewn lliwiau tawel gyda draig Gymraeg unigryw (neu efallai wiber – anghenfil yn debyg i ddraig heradraidd) a phenillion duwiol allan o ddarn o farddoniaeth hir yn seiliedig ar Hebreaid 4 ad. 9: yn ffodus nid oedd lle ond i 3 o'r 30 pennill. Sylwch hefyd ar y tusw o flodau yn arddull 'Caerfyrddin' (gweler t. 24).

Carmarthenshire sampler by Eleanor Davies, in subdued colours with a distinctive Welsh dragon (or possibly a wyvern, a heraldic dragon-like monster) and pious verses from a long poem based on Hebrews 4 v 9 : fortunately there was only room for 3 of the 30 stanzas! Notice too the sprig of 'Carmarthen' flowers (see p. 24).

There is a calm for those who weep
A rest for weary pilgrims found
They softly lie and sweetly sleep
    Low in the ground.

I long to lay this painful head
And aching heart beneath the soil
To slumber in that dreamless bed
    From all my toil.

The sun is but a spark of fire
A transient meteor in the sky
The soul immortal as its sire
    Shall never die.

        Eleanor Davies
        Aged 11 Years
        Llanegwad, 1835

Gwelir diddordeb morbid mewn marwolaeth neu o leiaf y sylweddoliad ei fod yn anochel yn amlwg ym myd y sampleri. Ambell waith fe'i gwelir ar ffurf penillion duwiol i blant yn cyfeirio at fwydod, esgyrn pwdr mor oer â llwch, ynghyd ag anogaethau i gofio'r Creawdwr, a honiadau mai Cariad yn wir yw Duw. Mae tôn angladdol sampler Eleanor Davies yn 1835 yn cynnwys tri o'r tri deg o benillion

A morbid fascination with death – or at least a realisation of its inevitability – also creeps continually into the world of samplers. Sometimes this takes the form of pious verses for children, referring to worms, rotten bones being as cold as dust, together with Biblical exhortations to remember the Creator, and assertions that God really is Love. The funeral tones of Eleanor Davies's 1835 sampler contain

yng ngherdd James Montgomery, 'The Grave', a ymddangosodd am y tro cyntaf yn ei bapur newydd yn Sheffield yn 1805.

Ambell waith byddai sampleri yn cael eu llunio er coffadwriaeth i anwyliaid a'r rhain yn aml yn cael eu nodweddu gan eu pwythau croes dwys mewn du ar gefndir sialc gwyn.

Bob yn awr ac yn y man gwelir tystebau cryno, fel y beddargraff cain dienw i John Davies y saer llongau. Mae'n bosib ei fod wedi gweithio yn y dociau cynnar ym Mhenfro gan mai yno y prynwyd y sampler. Yn yr un modd cawn enghreifftiau prin o sampleri 'achlysur' fel yr un yn yr Amgueddfa Werin yn Sain Ffagan sy'n cofáu dair gwaith, mewn 3 gwahanol ystod o bwythau, nosweithiau Cymraeg a cherddorol yng nghapel Bethania, Port Dinorwig (Y Felinheli) yn 1881.

three of the thirty stanzas of a poem entitled 'The Grave' by James Montgomery which first appeared in his Sheffield newspaper in 1805.

Sometimes samplers were created as memorials to a loved one, and these are often distinguished by their solemn cross-stitchery in black on a chalky white background.

Occasionally miniature testimonials are found, such as the anonymous but oh-so-delicately worked epitaph to John Davies, a shipwright. He may well have worked in the early dockyards at Pembroke, since this is where the sampler was purchased. Similarly there are rare examples of 'occasion' samplers such as one in the National Folk Museum, which commemorates three times, in three different ranges of stitches, Welsh language and musical evenings at Bethania Chapel, Port Dinorwic (Y Felinheli) in 1881.

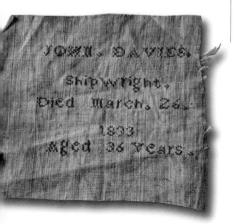

JOHN DAVIES *Shipwright*
Died March 26 1833 aged 36 years.

Mae testun syml y sampler bychan hwn wedi ei bwytho mewn coch ar liain plaen yn atgof dwys o freuder bywyd.

The simple text of this miniature sampler, stitched in red on plain linen is a poignant reminder of the frailty of life.

Sampler coffa o fferm Ffoshelyg, Prengwyn, ger Llandysul gyda thestun Cymraeg.

Er Cof Am Fy Anwyl Dad Thomas Thomas Ffoshelyg yr hwn a fy farw Mehefin 5 1908 yn 84 mlwydd Oed ac a Gladdwyd yn Pantdefaid. Bwriadau lawer sydd ynghalon dyn: ond cynghor yr Arglwydd hwnnw a saif.

A memorial sampler from Ffoshelyg Farm, Prengwyn near Llandysul with a Welsh text.

Translated it reads: 'In memory of my dear father. Thomas Thomas Ffoshelyg who died June 5th 1908 aged 84 and was buried at Pantdefaid. In the heart of man there are many intentions. It's only the counsel of the Lord that will remain.'

Lluniau cyfoes o Thomas Thomas a'i ferch y cyfeirir atynt yn y sampler coffa o Ffoshelyg. Mae llun Mr Thomas yn dod o Stiwdio Excelsior J Price, Heol Awst, Caerfyrddin. Mae llun ei ferch, *carte de visite* nodweddiadol wedi ei brynu yn stiwdio Howell and Adams oedd â'u busnes hefyd mewn cystadleuaeth yn Lammas Street.

Contemporary photographs of Thomas Thomas and his daughter featured in the memorial sampler from Ffoshelyg. The cabinet-sized picture of Mr Thomas is from J Price's Excelsior Studio in Lammas Street, Carmarthen. His daughter's portrait, a typical *carte de visite*, was purchased from a rival studio, Howell and Adams, whose business was also in Lammas Street.

Mae rhai penillion yn llai duwiol nag eraill – ond bob amser ceir elfen o ddiwydrwydd a dyfalbarhad. Mae'r wenynen a'i chwch mêl yn cael ei phwytho'n aml, ac mae'n adlewyrchu hoffter Oes Fictoria o'r ddelwedd hon – er enghraifft fe'i gwelir ar ddarnau o lestri i blant yn gynnar yn y 19eg ganrif.

Some verses are less pious than others – but there is always an element of industry and perseverance. The busy bee and her beehive home is often stitched in the centre of a sampler, and reflects the popular use of this image in other art forms – notably on children's china in the early 19th century.

Sampler cyffredin syml o Ysgol y Merched Hafod, Abertawe. Gwaith Annie Jones ydyw o bosib – y pedwerydd plentyn o saith i Mary A Jones, a restrir fel groser gweddw deugain a thair oed yn byw yn Heol Sidney. Efallai bod y goron yn y gornel dde ar y gwaelod wedi cael ei chynnwys i gydnabod esgyniad Albert, Tywysog Cymru fel y brenin newydd, Edward VII, yn Ionawr 1901. Adnod boblogaidd o Lyfr y Pregethwr yw 'Cofia yn awr dy Greawdwr yn nyddiau dy ieuenctid'. Yr un mor boblogaidd yw'r adnod ar waelod y sampler, 'Duw Cariad Yw'.

A simple work-a-day sampler from the Hafod Girls' School in Swansea, possibly the work of Annie Jones, the fourth of seven children of Mary A Jones, listed as a forty-three year old widowed grocer living in Sidney Street. The crown in the lower right hand corner may have been included to acknowledge the accession of Albert Prince of Wales as the new monarch, Edward VII in January 1901. 'Remember thy Creator in the day of thy youth' was a popular quotation from Ecclesiastes 12 v 1, as was the verse at the bottom of the sampler, 'God is love'.

Sampler Caerfyrddin gan Anne Llewellyn c.1870. Roedd tad Anne (neu Annie) yn aelod o deulu parchus o seiri dodrefn, clustogwyr ac ymgymerwyr yn 4 Stryd San Pedr. Roedd i ddatblygu i fod yn enwog am ei grefft, ac yn 1892 fe'i disgrifiwyd fel un a 'roddai sylw arbennig i atgyweirio a fframio lluniau'. Pa ryfedd fod sampler Anne yn cael ei arddangos mewn ffrâm wreiddiol mor grefftus – pîn wedi ei staenio a'i baentio i efelychu rhosbren.

Carmarthen sampler by Anne Llewellyn, c.1870. Anne (or Annie's) father was a member of a respected family of Cabinet Makers, Upholsterers and Undertakers at 4 St Peter's Street. He was to become renowned for his workmanship, and in 1892 is described as giving 'special attention to repairs and picture framing'. No wonder Anne's sampler is displayed in such a well made original frame – pine stained and painted to simulate rosewood.

Sampler Caerfyrddin gan Eliza King, unig blentyn William, gwehydd o Waterloo Terrace a'i wraig Ann. Pennill olaf emyn gyda'r teitl 'Happy soul that free from harms' o gasgliad John Wesley yw'r testun, a gyhoeddwyd y tro cyntaf yn 1780. Sylwer ar y blodau yn y canol, yn wahanol iawn i'r patrwm o rosod ar yr ymylon a wnaed mewn arddull Berlin.

> O that I at last may stand,
> With the sheep at thy right hand
> Take the crown so freely given
> Enter in by thee to heaven.
> Eliza King 1859.

Carmarthen sampler by Eliza King, only child of William, a woolweaver from Waterloo Terrace and his wife Ann. The text is the final verse of a hymn entitled 'Happy soul that free from harms' from John Wesley's *Collection of Hymns*, first published 1780. Notice the unusual central motif of stylised flowers, so different from the Berlin-work roses on either side.

Ambell waith bydd sampleri yn dangos tebygrwydd o ran lliw, pwythau a motiffau – fel yn y ddwy enghraifft gyferbyn o dref Caerfyrddin, sy'n awgrymu eu bod yn gysylltiedig ag un esiampl neu athrawes, neu bod y ffasiwn wedi bodoli mewn ysgol neu ardal arbennig. Er bod y sampleri wedi eu creu gyda bwlch o 11 mlynedd rhyngddyn nhw, gwelir tebygrwydd rhyfeddol, yn enwedig y tuswau o flodau elfennol wedi eu creu mewn amlinelliad o las a choch, y borderi a hyd yn oed y math o gynfas a ddefnyddiwyd. Sylwch hefyd ar y border o ddail derwen a mes – atgof o chwedl hen dderwen Caerfyrddin.

Gellir dychmygu bod y ddwy ferch wedi bod yn ddisgyblion yn Ysgol Wnïo a Darllen Wood's Row, a sefydlwyd yn 1840 ac oedd yn cael ei rhedeg gan gyn hetwraig. Nid yw Wood's Row ond ergyd carreg o gartrefi'r ddwy ferch. Yn ôl Adroddiad 1847: 'Schoolroom (was) filled with respectable girls and a few boys ... Elder girls worked samplers which appeared very good ... Both teacher and taught appeared extremely happy together.'

Occasionally samplers show similarities in colour, stitchery and motif – as the two examples opposite from Carmarthen town illustrate, suggesting that a single exemplar or teacher is involved, or that a fashion prevailed in a particular school or locality. Although there were 11 years between the creation of the two samplers, they show some remarkable likenesses – particularly the naïve sprigs of flowers worked in outline in blue and red, the borders and even the type of canvas used. Note too the border of oak leaves and acorns – a reminder of the legendary Carmarthen Oak.

It is a fanciful notion, but perhaps the two girls were both pupils of Wood's Row Sewing and Reading School, which had been established in 1840 and run by a former milliner. Wood's Row is a stone's throw from each of the girl's homes. The 1847 Report stated that the 'Schoolroom (was) filled with respectable girls and a few boys ... Elder girls worked samplers which appeared very good ... Both teacher and taught appeared extremely happy together.'

Through ev'ry seen of life and Death
Thy promise is our trust
And this shall be our childrens song
When we are cold in dust

Th' industrious bee extracts from ev'ry flow'r
Its fragrant sweets and mild balsamic pow'r
Learn hence with greatest care and nicest skill
To take the good and to reject the ill

Jane Thomas

Mae'r sampler cynnar hwn (c.1810) nad oes arno ddyddiad, wedi'i lunio o edau sidan gan Jane Thomas, ac mae'n cynnwys cwch gwenyn a thestun sydd wedi'u gwnïo'n gain. Atgoffir plant nad yw gwenynen farw yn gwneud mêl ac efallai mai doeth fyddai dilyn esiampl y wenynen ddyfal wrth iddi ymweld â'r blodau a *'Learn hence with greatest care and nicest skill / To take the good and to reject the ill'*. Mae'r teimladau yn adleisio'r pennill adnabyddus o *Divine Songs for Children*, Isaac Watts, sy'n dechrau *'How doth the little busy bee / Improve each shining hour'*. Mae'r sampler hefyd yn cynnwys rhybudd mwy llesol i'r darllenydd, o emyn sy'n dwyn y teitl *Now let our mourning hearts revive* a ysgrifennwyd gan Dr Philip Dodderidge (1702-1751) – gweinidog Anghydffurfiol, ysgolfeistr ac emynydd.

This undated but early (c.1810) sampler worked in silks by Jane Thomas, contains a delicately sewn beehive and accompanying text. Children are reminded that *a dead bee maketh no honey* and that it might be prudent to follow the industrious bee's example when visiting flowers and *Learn hence with greatest care and nicest skill / To take the good and to reject the ill.* The sentiments echo the more well-known verse from Isaac Watts *Divine Songs for Children* which begins *How doth the little busy bee / Improve each shining hour.* The sampler also contains a more salutary warning to the reader, taken from a hymn entitled *Now let our mourning hearts revive* which was written to be sung on the 'Death of a Minister' by Dr Philip Dodderidge (1702-1751) – a Nonconformist minister, schoolmaster and hymnwriter.

Sampler cynnar, bach (diamedr 5.5cm) a welwyd mewn cas oriawr. Cafodd sampleri o'r math eu creu i ddisodli'r papurau masnachol a osodwyd yng nghefn casys allanol oriorau o'r 18fed ganrif – fel sêl dwst, clustog a chyfle i hysbysebu. Byddai merched yn aml yn llunio'r rhain i'w tadau gan ddymuno iechyd a thangnefedd iddynt. Ymddengys bod yr enghraifft hon yn fwy personol, gan ei bod yn cynnwys ffigyrau priodasol, adar a blodau.

I A M, Tho absent, Ever dear

A miniature early watch case sampler (diameter 5.5 cm). Such samplers were created to replace the commercial watchpapers placed in the back of the outer case of 18th century watches, as a dust seal, cushion and advertising ploy. Often they were worked by girls for their fathers, wishing them health and peace. This example seems even more personal, with what appear to be a bridal figures, birds and flowers.

Mae rhai enghreifftiau o sampleri digon anarferol i'w cael. Mae'r pwrs neu'r bag buddugol a welir yma hefyd yn sampler bychan wedi ei bwytho'n wych.

Byddai pyrsau fel hyn yn cynnwys arian a roddid yn wobr mewn eisteddfod capel, yn enwedig yn Sir Benfro a Cheredigion. Disgwylid i'r enillwyr wisgo eu pyrsau trwy gydol yr eisteddfod. Daw'r enghraifft hyfryd hon wedi'i phwytho ar felfed coch a chyda leinin a thrimins sidan hufen o'r Maerdy yn y Rhondda Fach.

Samplers sometimes appeared in unexpected places. The purse or prize-bag shown here is in fact an exquisite miniature sampler.

Purses like this contained prize money given at local chapel eisteddfodau, particularly in Pembrokeshire and Cardiganshire. The winners were expected to wear the purses throughout the eisteddfod. This delightful example in red velvet, and cross-stitched in red and pink silks, with cream silk linings and trimmings decorated with tiny pearls, comes from Maerdy in the Rhondda Fach Valley.

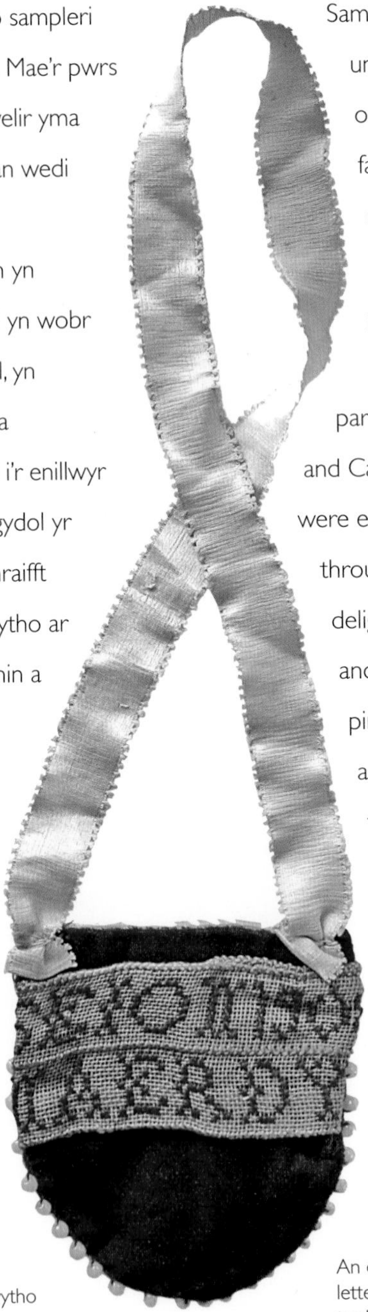

Pwrs eisteddfodol, gyda llythrennau wedi'u croesbwytho ar banel cynfas. Cynhaliwyd yr eisteddfod yng nghapel Seion, Maerdy yn 1908.

An eisteddfod purse, with cross-stitch lettering on a canvas panel. The eisteddfod took place in Seion chapel, Maerdy in 1908.

Roedd Mary Nicholas, Aberteifi, yn berfformwraig ifanc enwog ar lwyfannau eisteddfodol ardal Ceredigion ar ddechrau'r 20fed ganrif. Bu farw o'r ddarfodedigaeth yn 16 oed. Yn y ffotograff hwn, sydd wedi'i raddliwio ac sy'n dod o Amgueddfa Ceredigion, mae hi'n gwisgo casgliad enfawr o byrsau eisteddfodol.

Mary Nicholas of Cardigan was a famous child performer on eisteddfodau platforms in the Cardiganshire area in the early 1900s. She died of tuberculosis at the age of 16. In this hand-tinted photograph from Ceredigion Museum she is seen wearing a huge collection of eisteddfod purses.

Sampler priodas pwyth croes i ddathlu priodas Sioned a Richard a gwblhawyd gan y Parchedig Idris Hughes, tad y briodferch. Dengys yr esiampl hyfryd hwn nad gwaith menywod o reidrwydd yw brodio.

A cross-stitch wedding sampler – to celebrate the wedding of Sioned and Richard, completed by the bride's father, Rev Idris Hughes. This exquisite example shows that embroidering of samplers is not necessarily women's work.